Impressum
Verlag: BABADADA GmbH, Nedderfeld 112 , 22529 Hamburg
Geschäftsführer / Verlagsleitung: Harald Hof
Druck: Books on Demand GmbH, In de Tarpen 42, 22848 Norderstedt

Imprint
Publisher: BABADADA GmbH, Nedderfeld 112 , 22529 Hamburg, Germany
Managing Director / Publishing direction: Harald Hof
Print: Books on Demand GmbH, In de Tarpen 42, 22848 Norderstedt, Germany

escola

xue xiao

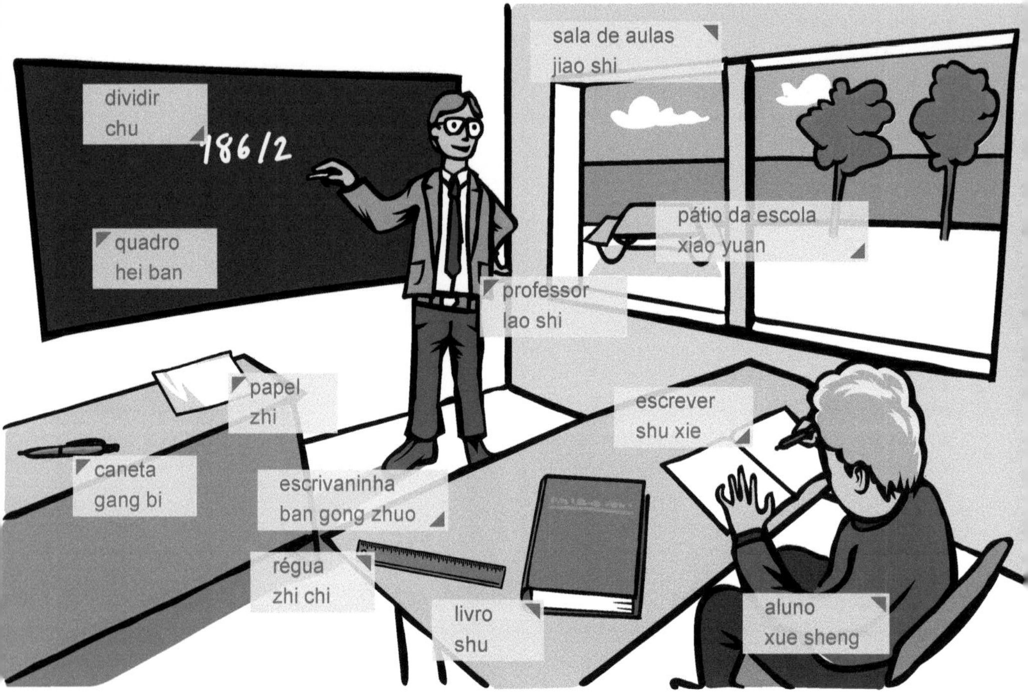

sala de aulas
jiao shi
dividir
chu
186/2
quadro
hei ban
pátio da escola
xiao yuan
professor
lao shi
papel
zhi
escrever
shu xie
caneta
gang bi
escrivaninha
ban gong zhuo
régua
zhi chi
livro
shu
aluno
xue sheng

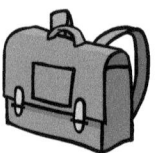

sacola

shu bao

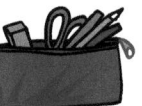

estojo de lápis

qian bi he

lápis

qian bi

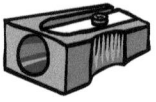

apontador de lápis

juan bi dao

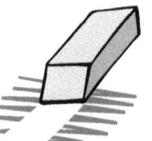

borracha

xiang pi ca

bloco de desenho

hua ban

desenho

tu hua

pincel

hua bi

estojo de tintas

yan liao he

tesoura

jian dao

cola

jiao shui

livro de exercícios

lian xi ce

lição de casa

jia ting zuo ye

número

shu zi

somar

jia

subtrair

jian

multiplicar

cheng

calcular

ji suan

letra

zi mu

alfabeto

zi mu biao

palavra

zi

texto

ke wen

ler

du

giz

fen bi

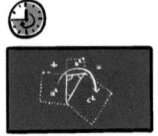

hora

shang ke

registro da classe

deng ji

exame

kao shi

certificado

zheng shu

uniforme escolar

xiao fu

educação

jiao yu

enciclopédia

bai ke quan shu

universidade

da xue

microscópio

xian wei jing

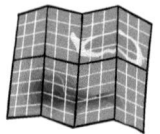

mapa

di tu

cesto de lixo

fei zhi kuang

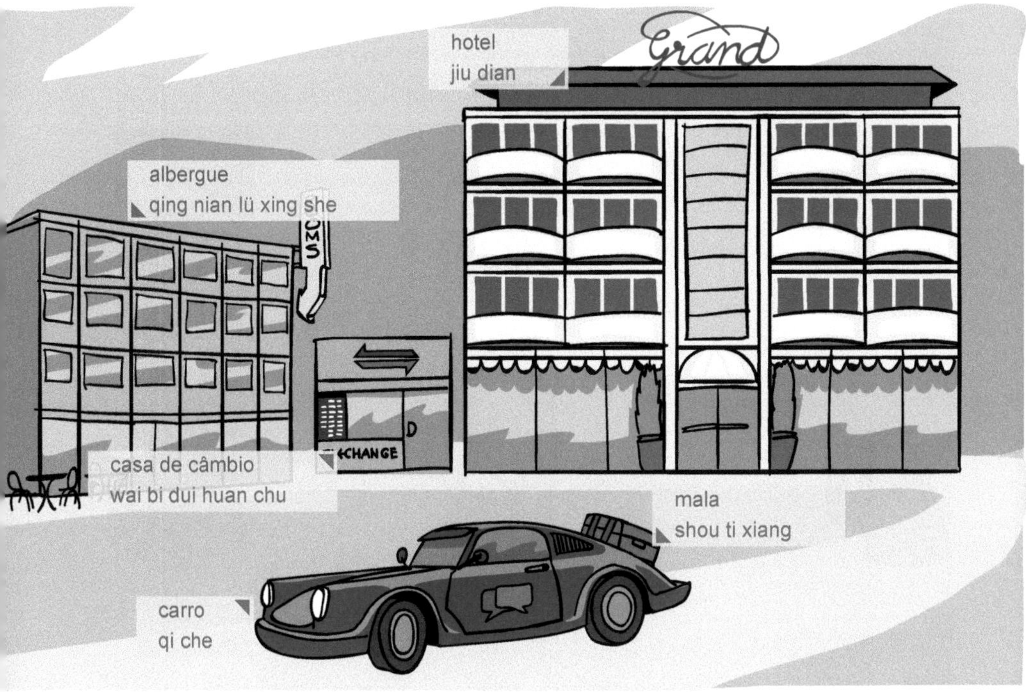

hotel
jiu dian
Grand
albergue
qing nian lü xing she
EXCHANGE
casa de câmbio
wai bi dui huan chu
mala
shou ti xiang
carro
qi che

idioma

yu yan

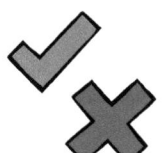

sim / não

shi/fou

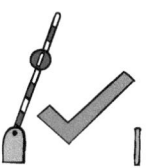

ok

hao de

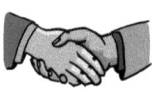

Olá

nin hao

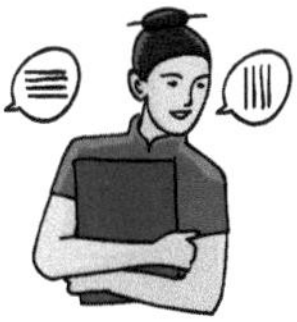

tradutor

fan yi yuan

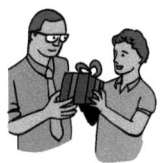

obrigado

xie xie

quanto custa...?

......duo shao qian?

eu não entendo

wo bu ming bai

problema

wen ti

boa noite!

wan shang hao!

Bom dia!

zao shang hao!

Boa noite!

wan an!

até logo

zai jian

direção

fang xiang

bagagem

xing li

bolsa

bao

mochila

shuang jian bao

convidado

ke ren

quarto

fang jian

saco de dormir

shui dai

barraca

zhang peng

informação turística

lü you xin xi

praia

hai tan

cartão de crédito

xin yong ka

café da manhã

zao can

almoço

wu can

jantar

wan can

bilhete

piao

elevador

dian ti

selo

you piao

fronteira

bian jie

alfândega

hai guan

embaixada

da shi guan

visto

qian zheng

passaporte

hu zhao

transporte

jiao tong yun shu

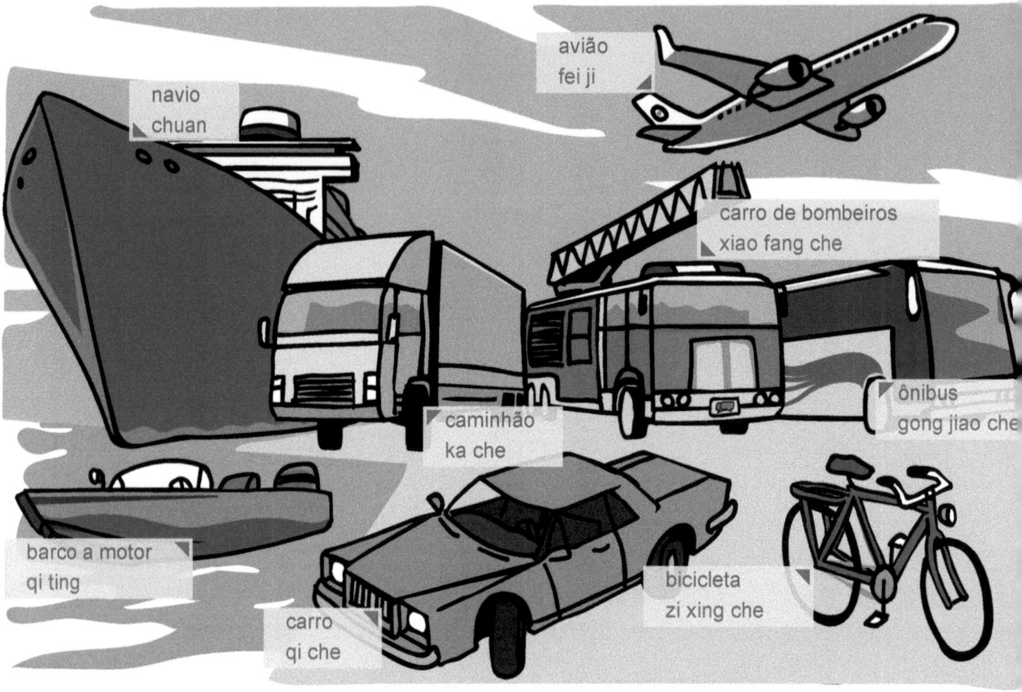
avião
fei ji
navio
chuan
carro de bombeiros
xiao fang che
ônibus
gong jiao che
caminhão
ka che
barco a motor
qi ting
bicicleta
zi xing che
carro
qi che

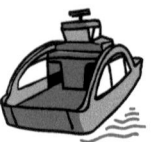

balsa

bai du chuan

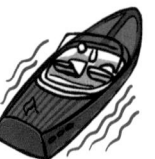

barco

xiao chuan

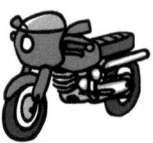

motocicleta

mo tuo che

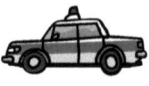

veículo policial

jing che

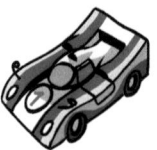

carro de corrida

sai che

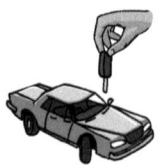

carro de aluguel

zu che

compartilhamento de automóvel

pin che

caminhão de reboque

tuo che

caminhão de lixo

la ji che

motor

fa dong ji

combustível

qi you

posto de gasolina

jia you zhan

placa de trânsito

jiao tong biao zhi

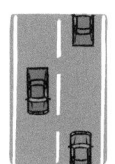

trânsito

jiao tong

trânsito lento

jiao tong du sai

estacionamento

ting che chang

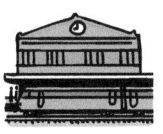

estação de trem

huo che zhan

trilhos

gui dao

trem

huo che

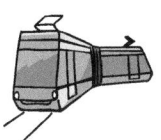

bonde

dian che

vagão

huo che

helicóptero

zhi sheng ji

aeroporto

ji chang

torre

ta

passageiro

cheng ke

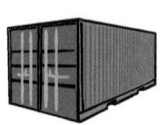

contêiner

ji zhuang xiang

cartolina

zhi ban xiang

carroça

shou tui che

cesto

lan zi

decolar / pousar

qi fei/jiang luo

cidade

cheng shi

vilarejo

cun zhuang

centro da cidade

shi zhong xin

casa

fang zi

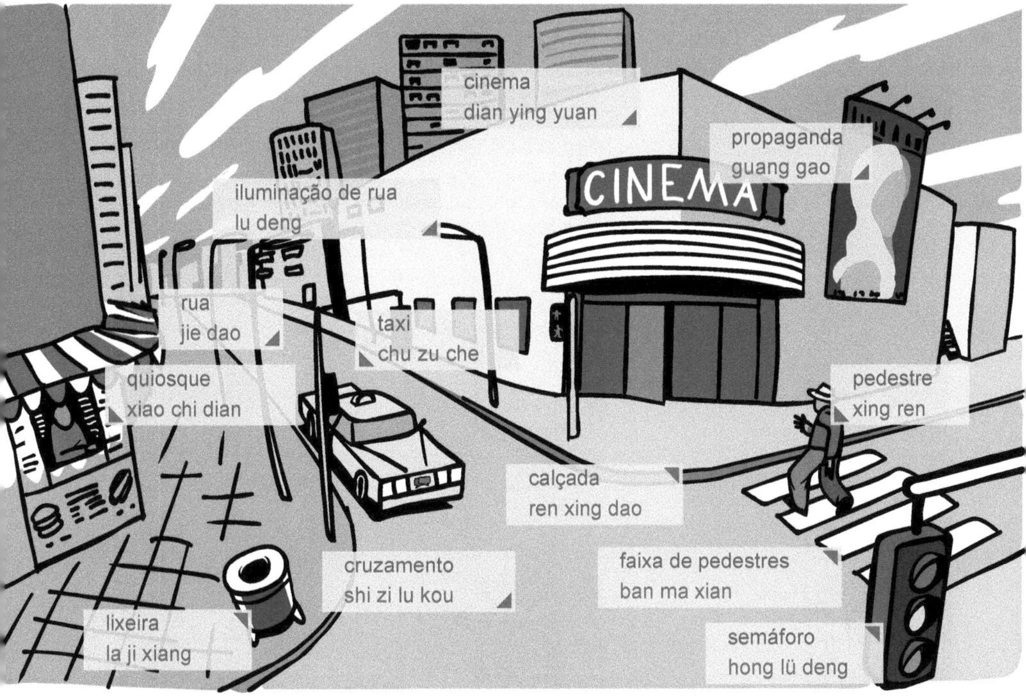

cinema
dian ying yuan

propaganda
guang gao

iluminação de rua
lu deng

CINEMA

rua
jie dao

taxi
chu zu che

quiosque
xiao chi dian

pedestre
xing ren

calçada
ren xing dao

cruzamento
shi zi lu kou

faixa de pedestres
ban ma xian

lixeira
la ji xiang

semáforo
hong lü deng

cabana

xiao wu

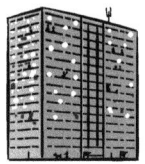

apartamento

gong yu

estação de trem

huo che zhan

prefeitura

shi zheng ting

museu

bo wu guan

escola

xue xiao

universidade

da xue

banco

yin hang

hospital

yi yuan

hotel

jiu dian

farmácia

yao fang

escritório

ban gong shi

livraria

shu dian

loja

shang dian

floricultura

hua dian

supermercado

chao shi

mercado

shi chang

loja de departamentos

bai huo shang dian

peixaria

yu dian

centro comercial

gou wu zhong xin

porto

hai gang

parque

gong yuan

banco

chang deng

ponte

qiao

escadas

lou ti

metrô

di tie

túnel

sui dao

ponto de ônibus

gong jiao che zhan

bar

jiu ba

restaurante

can guan

caixa de correspondência

you tong

placa de rua

lu biao

parquímetro

ting che ji shi qi

zoológico

dong wu yuan

piscina

you yong guan

mesquita

qing zhen si

cidade - cheng shi

fazenda

nong chang

poluição

wu ran

cemitério

mu di

igreja

jiao tang

parquinho

cao chang

templo

si miao

paisagem
di xing

folha
shu ye

placa de sinalização
zhi shi pai

caminho
lu

gramado
cao di

pedra
shi tou

caminhantes
tu bu lü xing zhe

árvore
shu

rio
he

grama
cao

flor
hua

vale
xia gu

montanha
shan

lago
hu

floresta
sen lin

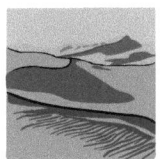

deserto
sha mo

vulcão
huo shan

castelo
cheng bao

arco-íris
cai hong

cogumelo
mo gu

palmeira
zong lü shu

mosquito
wen zi

mosca
cang ying

formiga
ma yi

abelha
mi feng

aranha
zhi zhu

besouro

jia chong

sapo

qing wa

esquilo

song shu

ouriço

ci wei

lebre

ye tu

coruja

mao tou ying

pássaro

niao

cisne

tian e

javali

ye zhu

veado

lu

alce

mi lu

barragem

shui ba

aerogerador

feng li fa dian ji

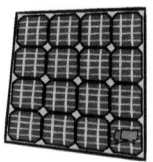

painel solar

tai yang neng dian chi ban

clima

qi hou

restaurante

can guan

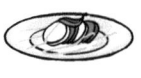

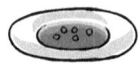

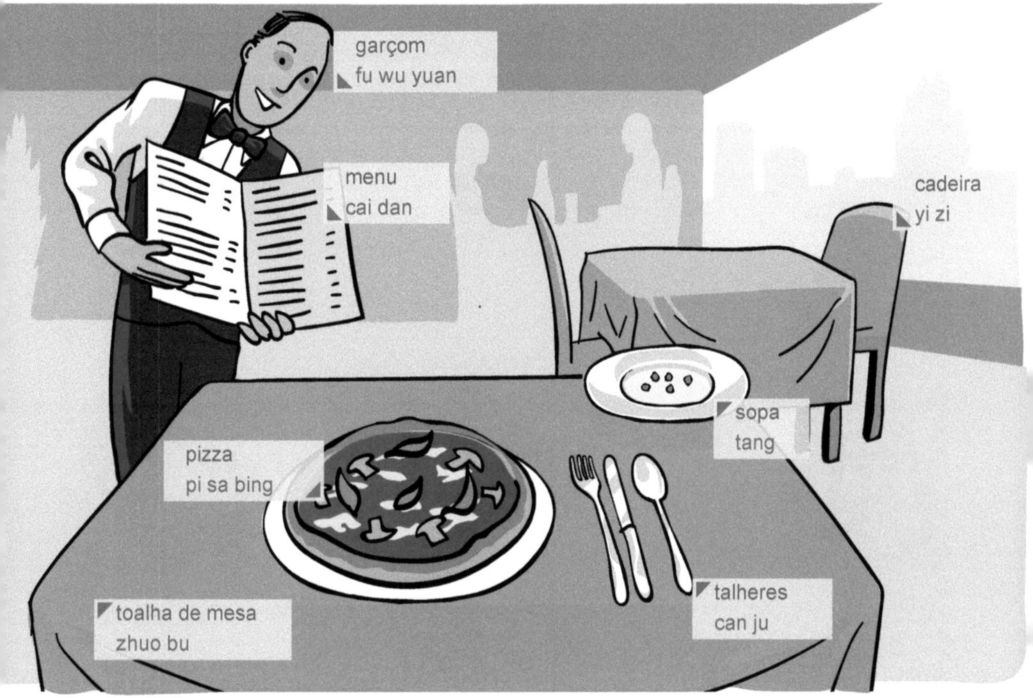

garçom
fu wu yuan
menu
cai dan
cadeira
yi zi
sopa
tang
pizza
pi sa bing
talheres
can ju
toalha de mesa
zhuo bu

entrada

qian cai

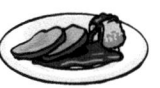

prato principal

zhu cai

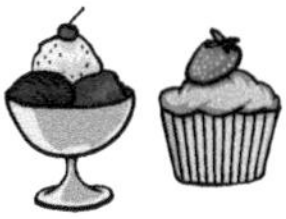

sobremesa

tian dian

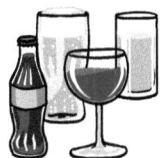

bebidas

yin liao

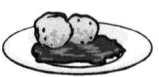

comida

shi wu

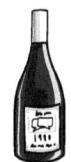

garrafa

ping zi

fastfood

kuai can

comida de rua

jie bian xiao chi

bule de chá

cha hu

açucareiro

tang he

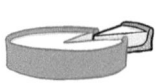

porção

yi fen fan cai

máquina de expresso

yi shi ka fei ji

cadeirão

gao jiao yi

conta

zhang dan

bandeja

tuo pan

faca

dao

garfo

can cha

colher

shao zi

colher de chá

cha chi

guardanapo

can jin

copo

bo li bei

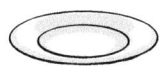

prato
die zi

prato de sopa
tang pan

pires
die zi

molho
jiang

saleiro
yan ping

moedor de pimenta
hu jiao mo

vinagre
cu

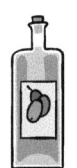

óleo
shi yong you

especiarias
tiao wei liao

ketchup
fan qie jiang

mostarda
jie mo

maionese
dan huang jiang

supermercado

chao shi

oferta especial
te jia
FOR
cliente
gu ke
laticínios
ru zhi pin
frutas
shui guo
carrinho de compras
gou wu che

BUTCHERS

açougue

rou pu

BAKERY

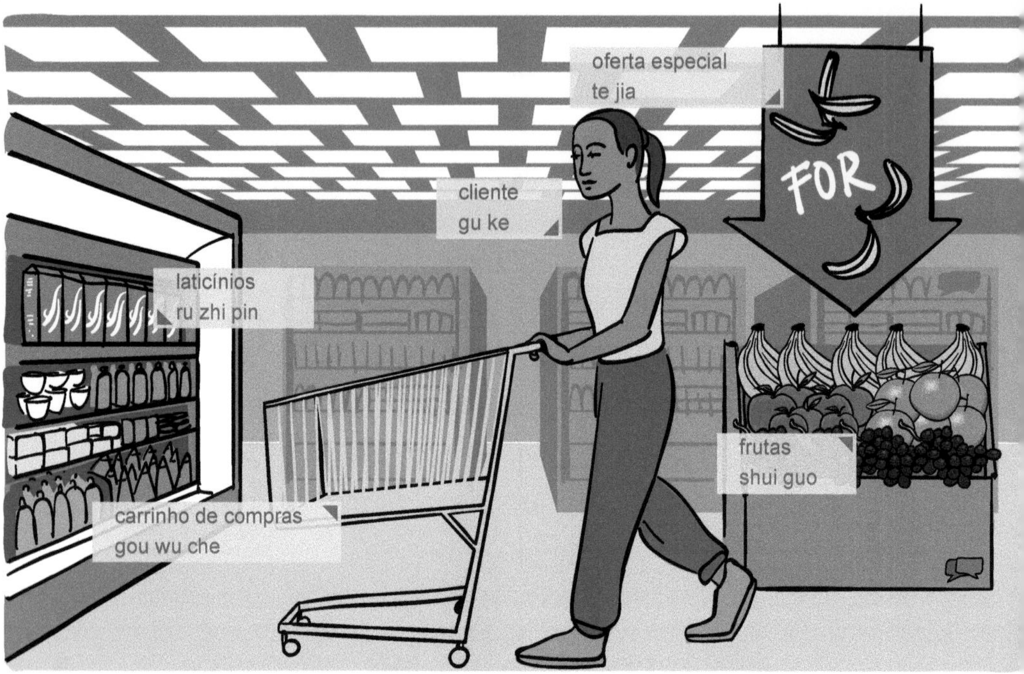

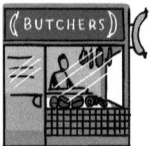

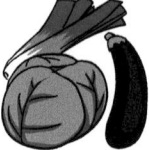

padaria

mian bao fang

pesar

cheng zhong

legumes

shu cai

carne

rou

congelados

leng dong shi pin

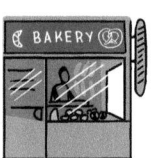

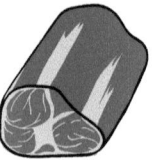

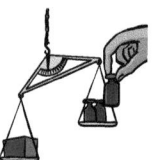

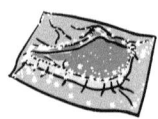

charcutaria

leng pan

conservas

guan tou shi pin

detergente em pó

xi yi fen

doces

tian shi

artigos domésticos

ri yong pin

produtos de limpeza

qing jie yong pin

vendedora

xiao shou yuan

caixa

shou yin ji

caixa

shou yin yuan

lista de compras

gou wu qing dan

horário de funcionamento

kai fang shi jian

carteira

qian bao

cartão de crédito

xin yong ka

sacola

dai zi

saco plástico

su liao dai

água

shui

suco

guo zhi

leite

niu nai

coca-cola

ke le

vinho

hong jiu

cerveja

pi jiu

álcool

jiu

cacau

ke ke

chá

cha

café

ka fei

expresso

yi shi nong suo ka fei

cappuccino

ka bu qi nuo

banana

xiang jiao

maçã

ping guo

laranja

cheng zi

melão

xi gua

limão

ning meng

cenoura

hu luo bo

alho

da suan

bambu

zhu zi

cebola

yang cong

cogumelo

mo gu

nozes

jian guo

macarrão

mian tiao

espaguete

yi da li mian tiao

arroz

mi fan

salada

sha la

batatas fritas

shu tiao

batatas frias

zha tu dou

pizza

pi sa bing

hambúrger

han bao bao

sanduíche

san ming zhi

escalope

zha zhu pai

presunto

huo tui

salame

sa la mi

salsicha

xiang chang

galinha

ji rou

assado

kao rou

peixe

yu

flocos de aveia

yan mai pian

granola

mu zi li

flocos de milho

yu mi pian

farinha

mian fen

croissant

yang jiao mian bao

pãozinho

mian bao juan

pão

mian bao

torrada

kao mian bao

biscoitos

bing gan

manteiga

huang you

requeijão

ning ru

bolo

dan gao

ovo

dan

ovo frito

jian dan

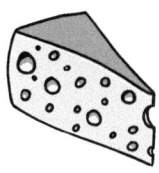

queijo

nai lao

sorvete

bing ji lin

açúcar

tang

mel

feng mi

geleia

guo jiang

creme de avelãs

qiao ke li jiang

curry

ga li fan

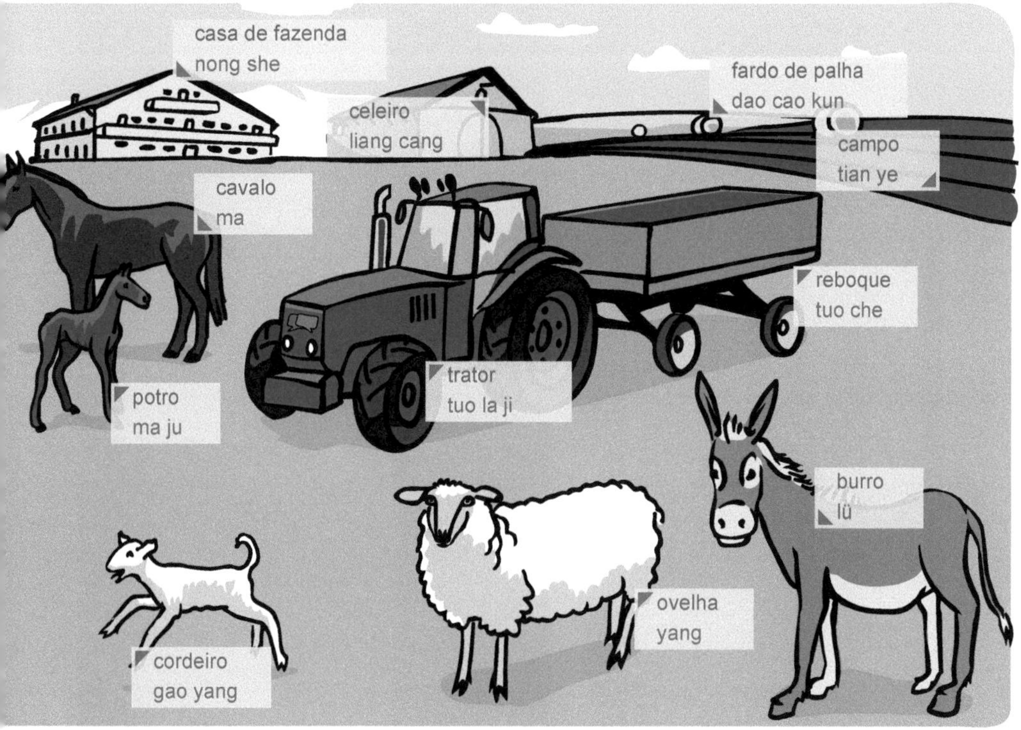

casa de fazenda
nong she

celeiro
liang cang

fardo de palha
dao cao kun

campo
tian ye

cavalo
ma

reboque
tuo che

trator
tuo la ji

potro
ma ju

burro
lü

cordeiro
gao yang

ovelha
yang

cabra

shan yang

vaca

nai niu

bezerro

niu du

porco

zhu

leitão

xiao zhu

touro

gong niu

ganso

e

pato

ya

pintinho

xiao ji

galinha

mu ji

galo

gong ji

ratazana

shu

gato

mao

camundongo

lao shu

boi

niu

cachorro

gou

casinha do cachorro

gou wu

mangueira de jardim

hua yuan jiao shui ruan guan

regador

sa shui hu

foice

chang bing da lian dao

arado

li

foice

lian dao

enxada

chu tou

forquilha

chang bing cao pa

machado

fu tou

carrinho de mão

du lun shou tui che

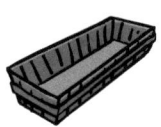

manjedoura

si liao cao

jarra de leite

niu nai guan

saco

ma bu dai

cerca

zha lan

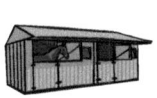

estábulo

ma jiu

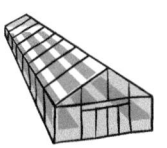

estufa

wen shi

solo

tu rang

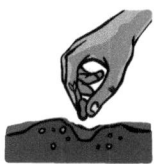

semente

zhong zi

fertilizante

fei liao

colheitadeira

lian he shou ge ji

colher

shou ge

colheita

shou ge

inhame

shan yao

trigo

xiao mai

soja

da dou

batata

tu dou

milho

yu mi

colza

you cai zi

árvore frutífera

guo shu

mandioca

shu shu

cereais

gu wu

casa

fang zi

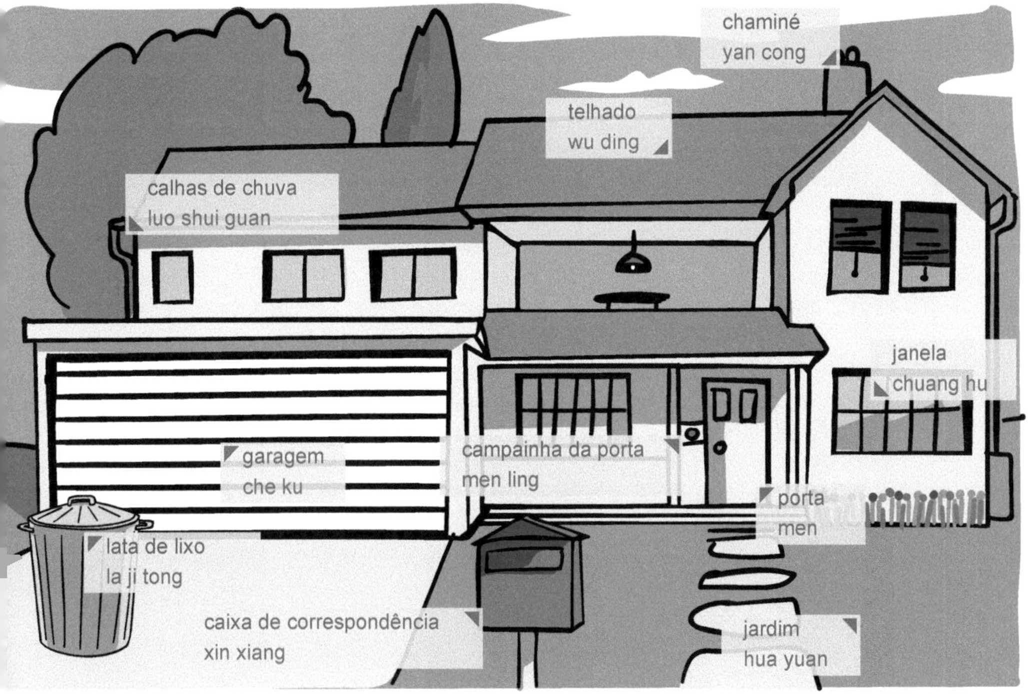

chaminé
yan cong
telhado
wu ding
calhas de chuva
luo shui guan
janela
chuang hu
garagem
che ku
campainha da porta
men ling
porta
men
lata de lixo
la ji tong
caixa de correspondência
xin xiang
jardim
hua yuan

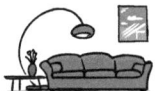

sala de estar

ke ting

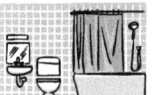

banheiro

yu shi

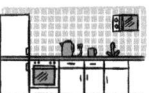

cozinha

chu fang

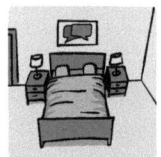

quarto de dormir

wo shi

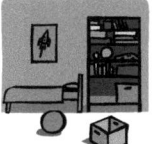

quarto de criança

er tong fang

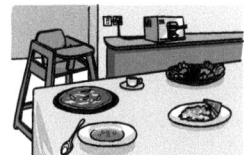

sala de jantar

can ting

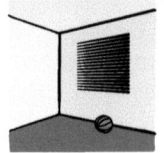

chão
di ban

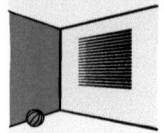

parede
qiang bi

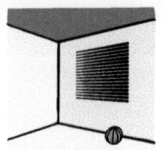

teto
diao ding

porão
di jiao

sauna
sang na

varanda
yang tai

terraço
lu tai

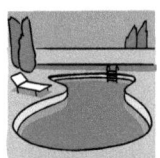

piscina
you yong chi

cortador de grama
ge cao ji

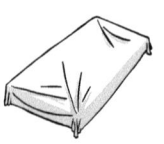

lençol
bei dan

coberta
chuang zhao

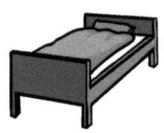

cama
chuang

vassoura
sao zhou

balde
shui tong

interruptor
kai guan

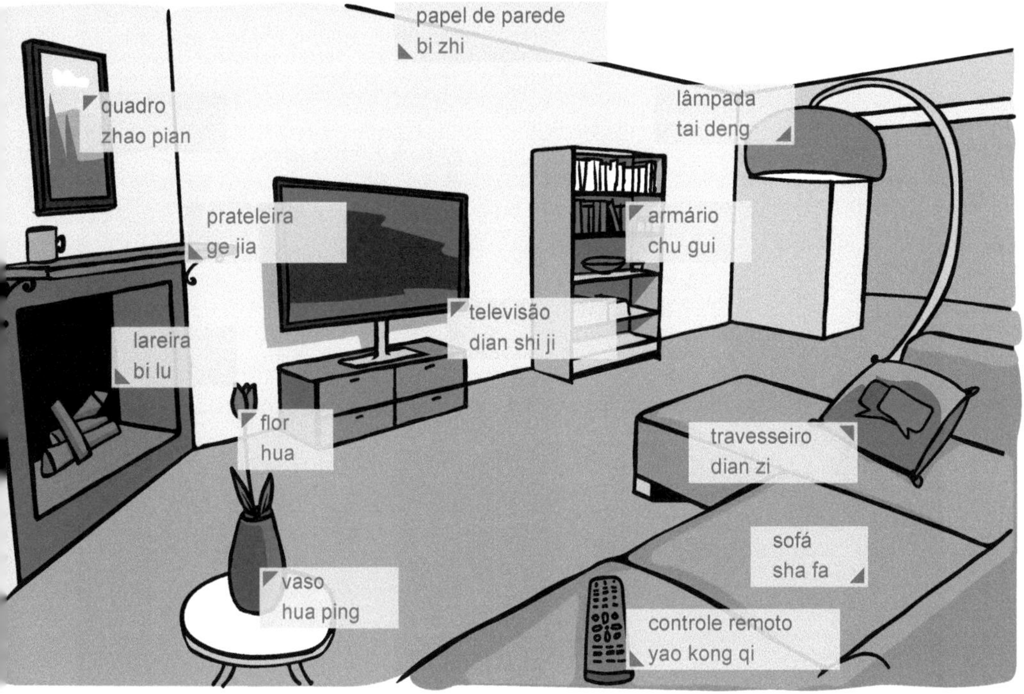

papel de parede
bi zhi

quadro
zhao pian

lâmpada
tai deng

prateleira
ge jia

armário
chu gui

televisão
dian shi ji

lareira
bi lu

flor
hua

travesseiro
dian zi

sofá
sha fa

vaso
hua ping

controle remoto
yao kong qi

tapete
di tan

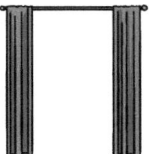

cortina
chuang lian

mesa
can zhuo

cadeira
yi zi

cadeira de balanço
yao yi

poltrona
fu shou yi

livro

shu

cobertor

tan zi

decoração

zhuang shi pin

lenha

mu chai

filme

dian ying

equipamento de som

gao bao zhen yin xiang

chave

yao shi

jornal

bao zhi

pintura

you hua

pôster

hai bao

rádio

shou yin ji

bloco de notas

bi ji ben

aspirador

xi chen qi

cacto

xian ren zhang

vela

la zhu

cozinha
chu fang

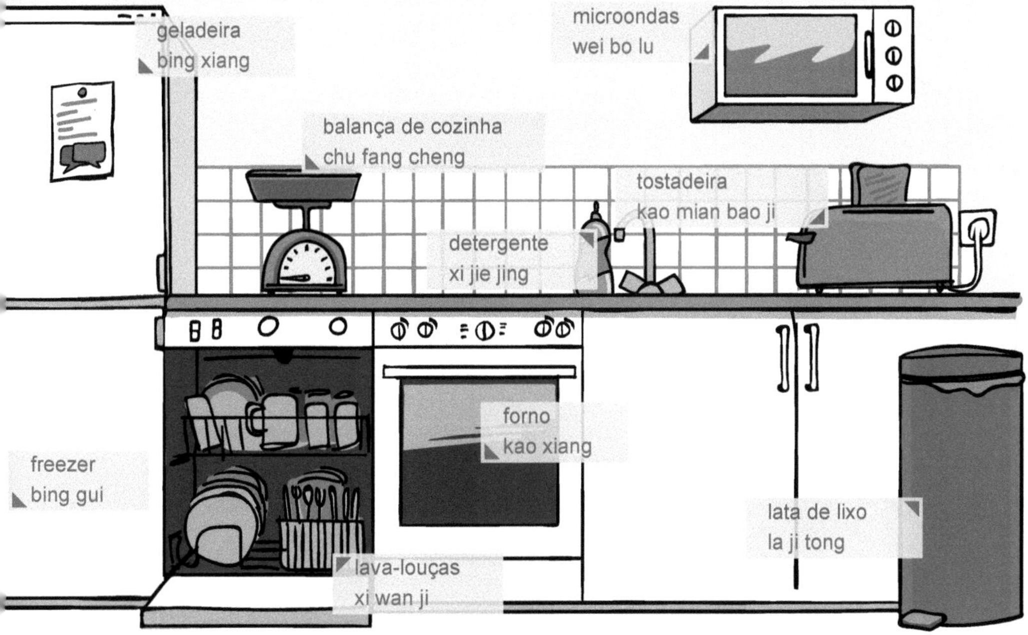

geladeira
bing xiang
microondas
wei bo lu
balança de cozinha
chu fang cheng
tostadeira
kao mian bao ji
detergente
xi jie jing
forno
kao xiang
freezer
bing gui
lata de lixo
la ji tong
lava-louças
xi wan ji

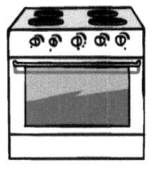

fogão

chui ju

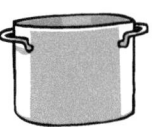

panela

guo

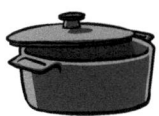

panela de ferro

zhu tie guo

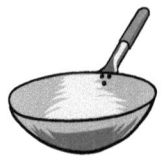

wok / kadai

sha guo

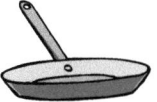

frigideira

ping di guo

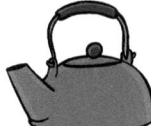

chaleira

shui hu

panela a vapor
zheng guo

tabuleiro de forno
kao pan

louça
tao ci guo

caneca
ma ke bei

caçarola
wan

hashi
kuai zi

concha de sopa
chang bing shao

espátula
chan zi

batedor
jiao ban qi

escorredor
lü wang

peneira
shai zi

ralador
mo sui ji

almofariz
yan bo

churrasqueira
shao kao

lareira
ming huo

tábua de cortar

cai ban

rolo da massa

gan mian zhang

saca-rolhas

kai ping qi

lata

guan zi

abridor de latas

kai ping qi

pegador de panela

ge re shou tao

pia

shui cao

escova

shua zi

esponja

hai mian

liquidificador

jiao ban ji

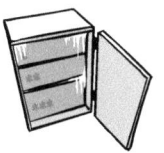

congelador

leng cang xiang

mamadeira

nai ping

torneira

shui long tou

banheiro

yu shi

aquecimento
gong nuan she bei
toalha
mao jin
ducha
lin yu
cortina de chuveiro
yu lian
banho de espuma
pao mo yu
banheira
yu gang
copo
bo li bei
lava-roupa
xi yi ji
torneira
shui long tou
azulejos
ci zhuan
penico
bian hu
pia
shui cao

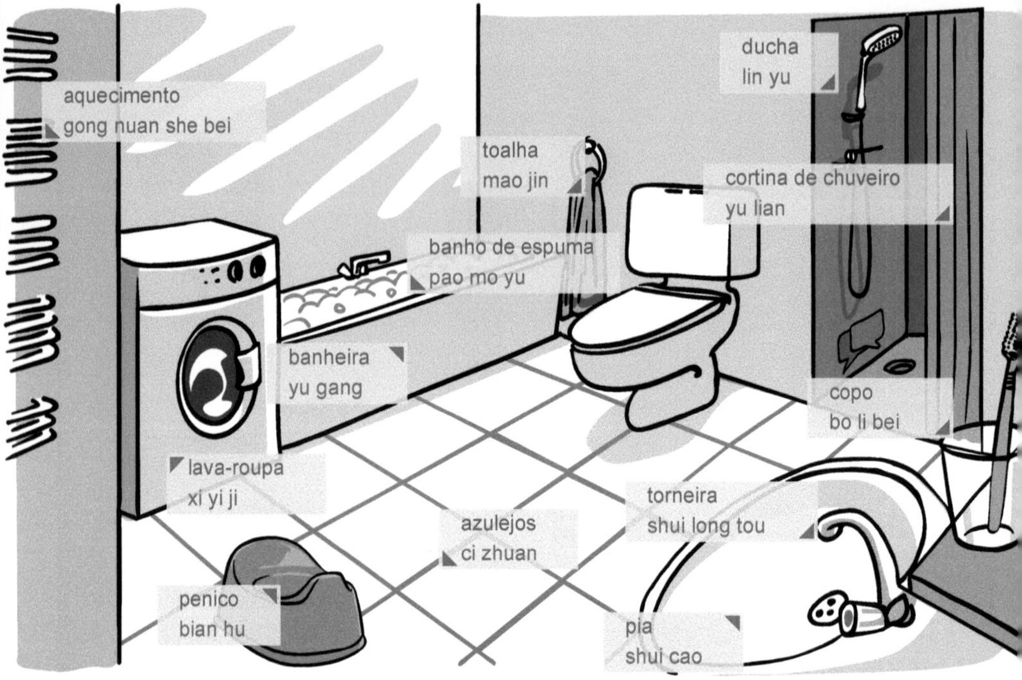

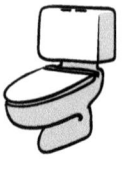

vaso sanitário

ce suo

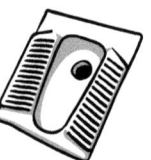

lavabo de agachar

dun bian qi

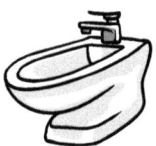

bidê

zuo yu qi

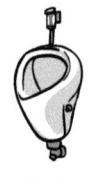

mictório

xiao bian chi

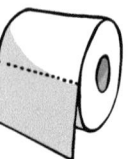

papel higiênico

ce zhi

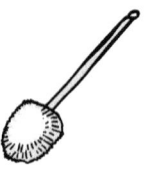

escova de privada

ma tong shua

escova de dentes

ya shua

pasta de dentes

ya gao

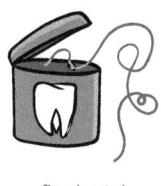

fio dental

ya xian

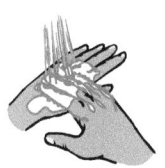

lavar

xi

ducha de mão

shou chi shi pen lin tou

ducha íntima

chong xi qi

bacia

xi lian pen

escova para as costas

ca bei shua

sabonete

fei zao

gel de banho

mu yu lu

xampu

xi fa shui

toalha de rosto

fa lan rong

escoamento

pai shui

creme

ru shuang

desodorante

chu chou ji

espelho

jing zi

espelho de mão

shou jing

barbeador

ti xu dao

espuma de barbear

ti xu pao mo

loção pós-barba

xu hou shui

pente

shu zi

escova

shua zi

secador de cabelo

chui feng ji

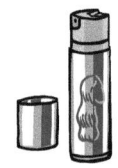

spray de cabelo

pen fa ding xing ji

maquiagem

hua zhuang pin

batom

chun gao

esmalte de unhas

zhi jia you

algodão

hua zhuang mian

tesoura para unhas

zhi jia jian

perfume

xiang shui

nécessaire

xi shu bao

banquinho

deng zi

balança

ji zhong cheng

roupão de banho

yu pao

luvas de borracha

xiang jiao shou tao

absorvente interno

wei sheng mian tiao

absorvente íntimo

wei sheng jin

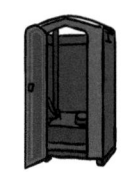

banheiro químico

hua xue ce suo

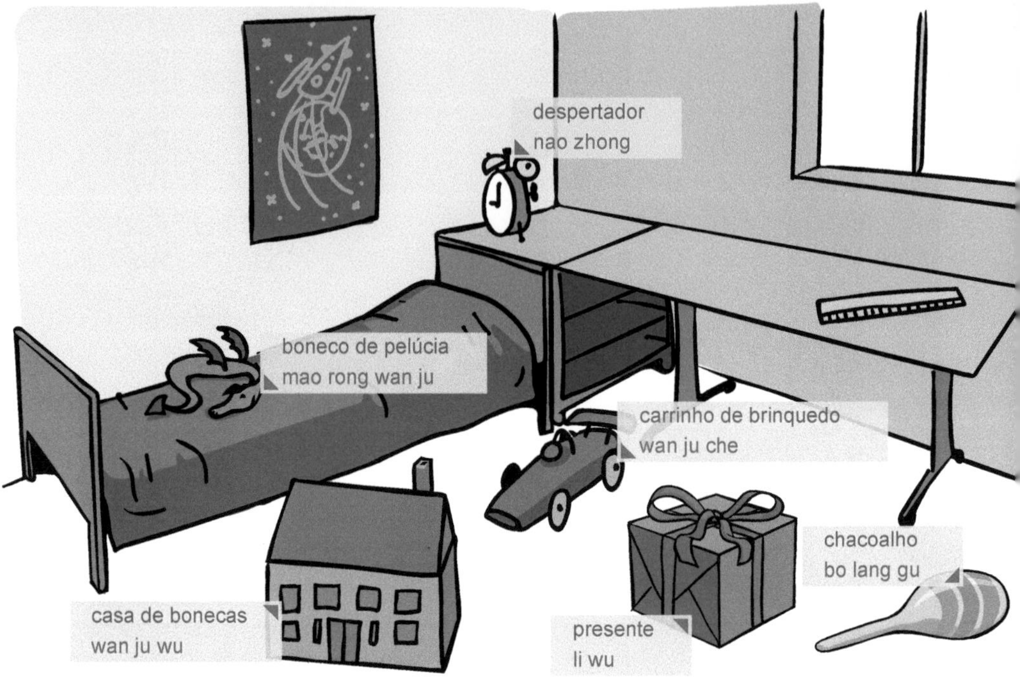

despertador
nao zhong

boneco de pelúcia
mao rong wan ju

carrinho de brinquedo
wan ju che

chacoalho
bo lang gu

casa de bonecas
wan ju wu

presente
li wu

balão

qi qiu

cama

chuang

carrinho de bebê

(yang wa wa yong)ying er
che

jogo de cartas

pu ke pai

quebra-cabeças

pin tu

revista de quadrinhos

man hua

peças de Lego

le gao ji mu

blocos de construção

ji mu wan ju

figura de ação

wan ju ren

macaquinho de bebê

ying er fu

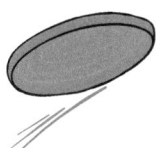

frisbee

fei pan

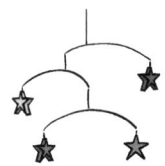

móbile para bebé

chuang ling wan ju

jogo de tabuleiro

qi pan you xi

dados

shai zi

trenzinho elétrico

huo che mo xing

chupeta

an fu nai zui

festa

ju hui

livro ilustrado

hui ben

bola

qiu

boneca

yang wa wa

brincar

wan

caixa de areia

sha keng

balanço

qiu qian

brinquedos

wan ju

videogame

you xi ji

triciclo

san lun che

ursinho de pelúcia

tai di xiong

guarda-roupa

yi chu

vestuário

yi fu

meias

wa zi

meias pelo joelho

chang wa

meias-calças

jin shen ku

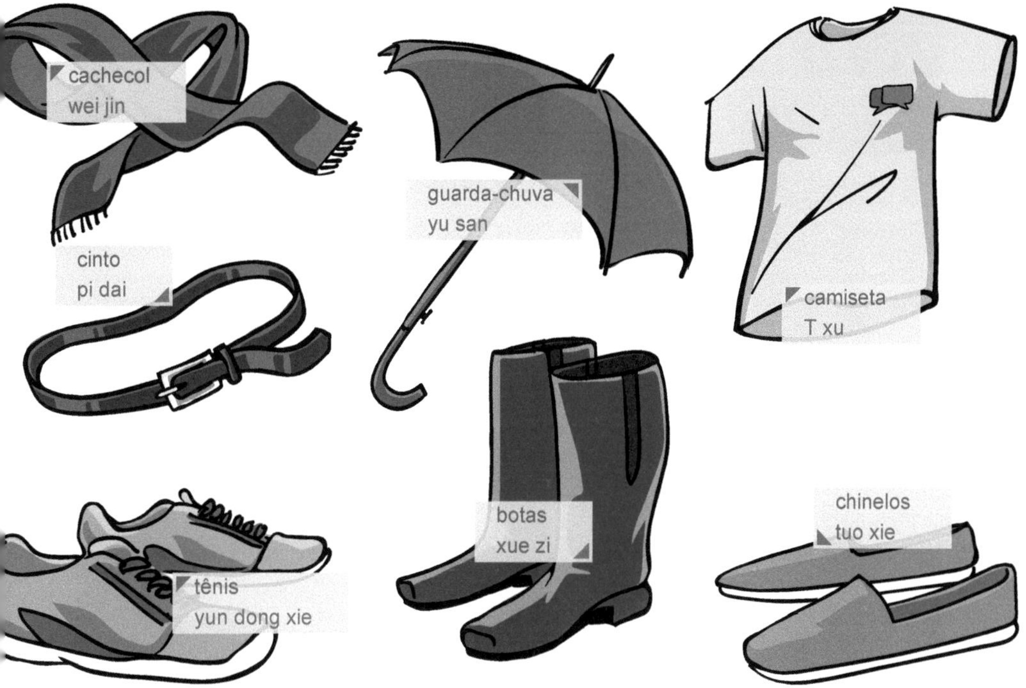

cachecol
wei jin

guarda-chuva
yu san

cinto
pi dai

camiseta
T xu

botas
xue zi

chinelos
tuo xie

tênis
yun dong xie

sandálias
....
liang xie

sapatos
....
xie

botas de borracha
....
yu xue

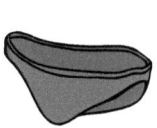

roupa de baixo
....
nei ku

sutiã
....
xiong zhao

camiseta de baixo
....
bei xin

body

shen ti

calças

ku zi

jeans

niu zai ku

saia

duan qun

blusa

nü shi chen shan

camisa

chen shan

pulôver

tao tou shan

suéter com capuz

wei yi

blazer

xi zhuang jia ke

jaqueta

jia ke

casaco

wai tao

gabardine

yu yi

traje

tao zhuang

vestido

lian yi qun

vestido de casamento

hun sha

terno
xi zhuang

camisola
shui pao

pijama
shui yi

sari
sha li

lenço de cabeça
tou jin

turbante
bao tou jin

burca
bo ka

cafetã
ka fu tan

abaya
(a la bo shi)chang pao

maiô
yong yi

sunga
nan shi yong ku

shorts
duan ku

roupa de treino
yun dong fu

avental
wei qun

luvas
shou tao

botão

niu kou

óculos

yan jing

pulseira

shou lian

colar

xiang lian

anel

jie zhi

brinco

er huan

boné

bian mao

cabide

yi jia

chapéu

mao zi

gravata

ling dai

zíper

la lian

capacete

tou kui

suspensórios

bei dai

uniforme escolar

xiao fu

uniforme

zhi fu

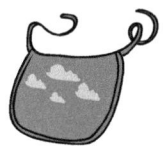

babador
wei dou

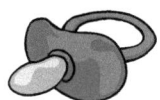

chupeta
an fu nai zui

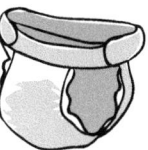

fralda
niao bu shi

escritório
ban gong shi

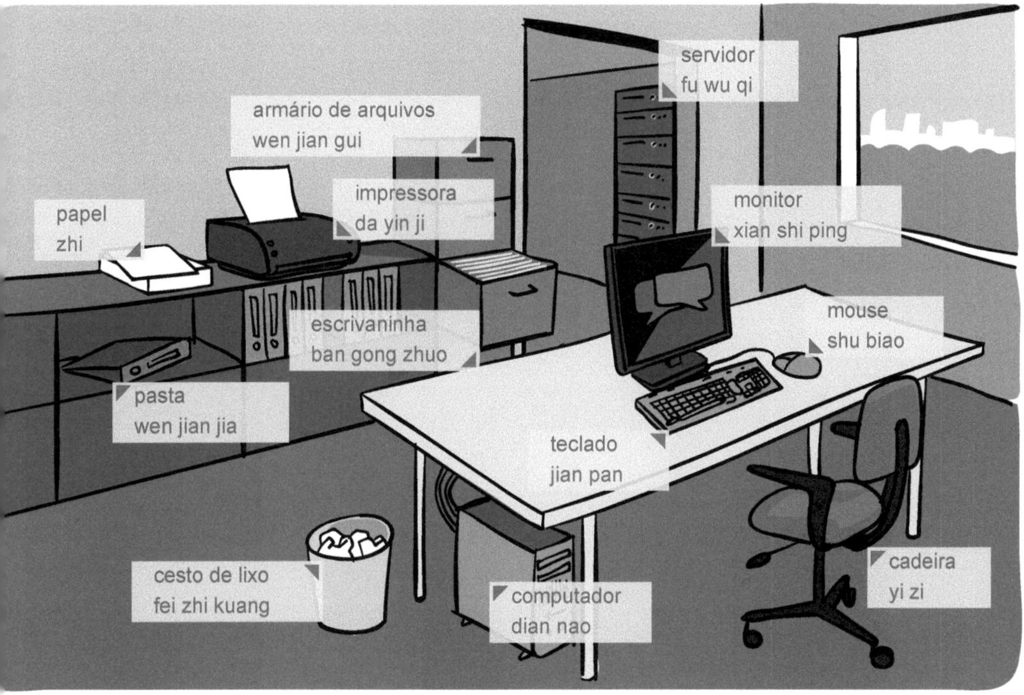

servidor
fu wu qi
armário de arquivos
wen jian gui
impressora
da yin ji
papel
zhi
monitor
xian shi ping
mouse
shu biao
escrivaninha
ban gong zhuo
pasta
wen jian jia
teclado
jian pan
cesto de lixo
fei zhi kuang
cadeira
yi zi
computador
dian nao

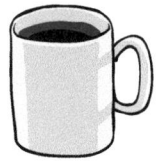

xícara de café
ka fei bei

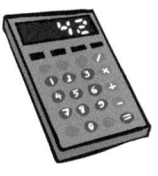

calculadora
ji suan qi

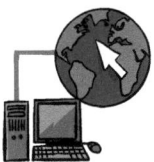

internet
yin te wang

laptop

bi ji ben dian nao

carta

xin jian

mensagem

xiao xi

celular

shou ji

rede

wang luo

copiadora

fu yin ji

software

ruan jian

telefone

dian hua

tomada

cha zuo

fax

chuan zhen ji

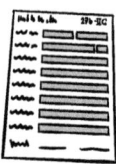

formulário

biao ge

documento

wen jian

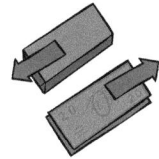

comprar
....
mai

pagar
....
fu qian

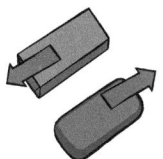

negociar
....
jiao yi

dinheiro
....
xian jin

Dólar
....
mei yuan

Euro
....
ou yuan

Yen
....
ri yuan

rublo
....
lu bu

franco suíço
....
rui shi fa lang

renminbi yuan
....
ren min bi

rupia
....
lu bi

caixa eletrônico
....
ti kuan chu

casa de câmbio

wai bi dui huan chu

ouro

jin

prata

yin

petróleo

shi you

energia

neng yuan

preço

jia ge

contrato

he tong

imposto

shui jin

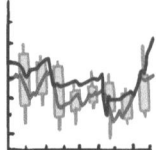

ação

gu piao

trabalhar

gong zuo

empregado

zhi yuan

empregador

lao ban

fábrica

gong chang

loja

shang dian

profissões
zhi ye

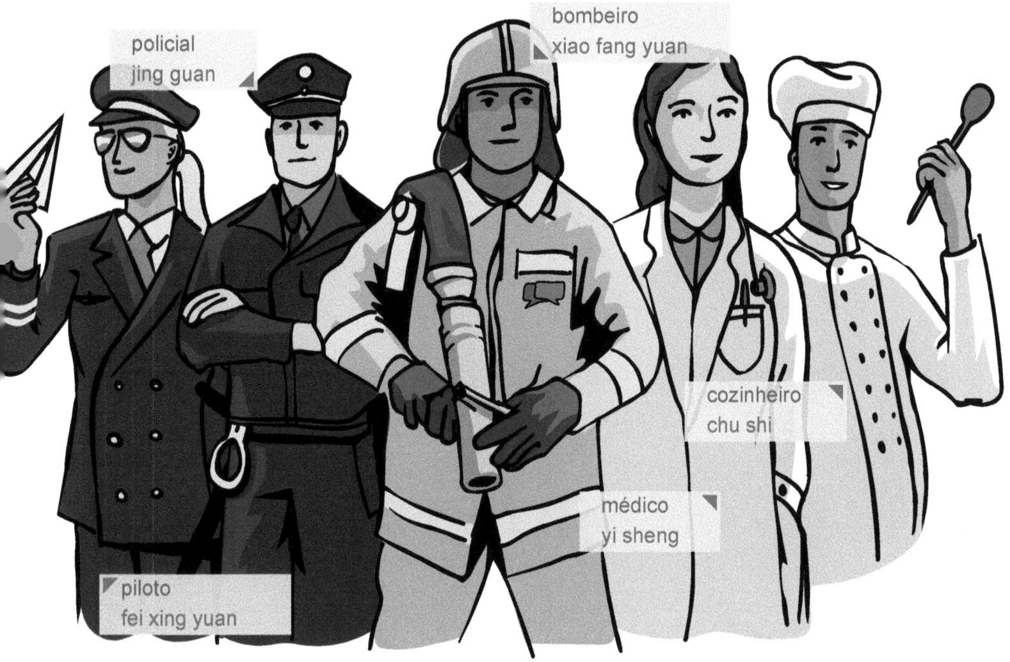
policial
jing guan
bombeiro
xiao fang yuan
cozinheiro
chu shi
médico
yi sheng
piloto
fei xing yuan

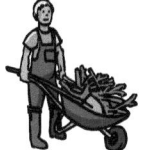

jardineiro

yuan ding

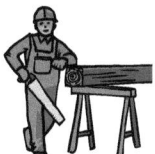

marceneiro

mu jiang

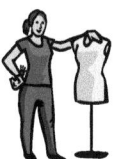

costureira

cai feng

juiz

fa guan

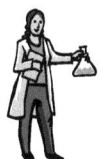

químico

hua xue jia

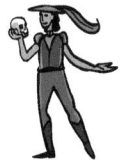

ator

yan yuan

motorista de ônibus

gong jiao che si ji

motorista de táxi

chu zu che si ji

pescador

yu fu

faxineira

qing jie nü gong

telhador

wu ding gong

garçom

fu wu yuan

caçador

lie ren

pintor

hua jia

padeiro

mian bao shi

eletricista

dian gong

construtor

jian zhu gong ren

engenheiro

gong cheng shi

açougueiro

tu fu

encanador

shui guan gong

carteiro

you di yuan

soldado

shi bing

arquiteto

jian zhu shi

caixa

shou yin yuan

florista

hua nong

cabelereiro

li fa shi

condutor

shou piao yuan

mecânico

ji xie shi

capitão

chuan zhang

dentista

ya yi

cientista

ke xue jia

rabino

la bi

imam

yi ma mu

monge

he shang

pastor

mu shi

ferramentas
gong ju

alicate
qian zi
martelo
tie chui
chave de fenda
luo si dao
lanterna
shou dian tong
chave inglesa
ban shou

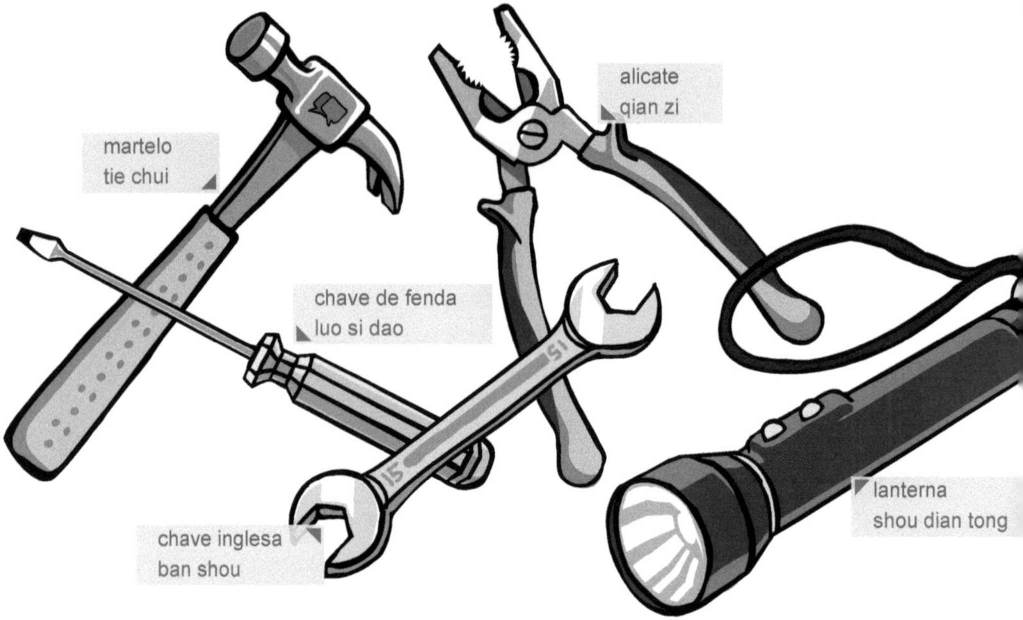

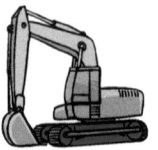

escavadora

wa jue ji

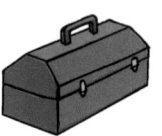

caixa de ferramentas

gong ju xiang

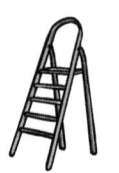

escada de mão

ti zi

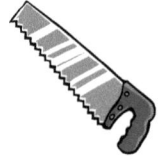

serra

ju zi

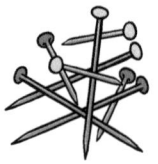

pregos

ding zi

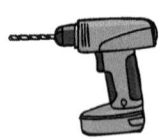

furadeira

zuan ji

consertar
xiu

pá
chan zi

Droga!
kao!

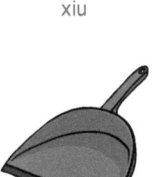

pá de lixo
bo ji

pote de tinta
you qi tong

parafusos
luo si

instrumentos musicais
yue qi

bateria
da ji yue qi

alto-falante
yang sheng qi

guitarra
ji ta

contrabaixo
di yin ti qin

trompete
xiao hao

piano

gang qin

violino

xiao ti qin

baixo

bei si

timbales

ding yin gu

tambor

gu

teclado

dian zi qin

saxofone

sa ke si guan

flauta

chang di

microfone

mai ke feng

zoológico

dong wu yuan

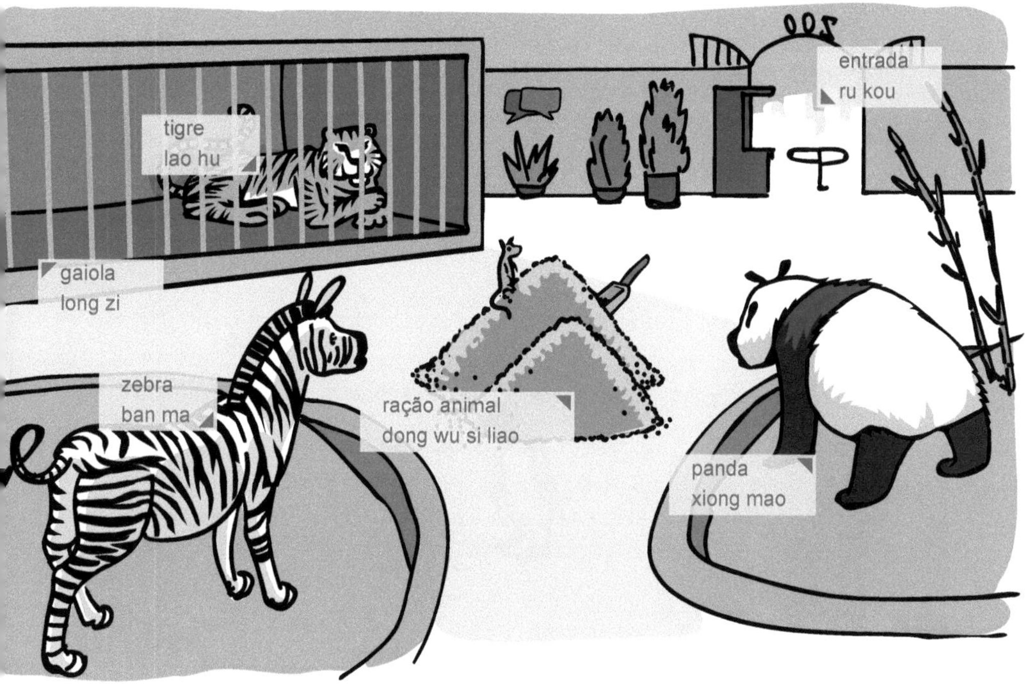
entrada
ru kou
tigre
lao hu
gaiola
long zi
zebra
ban ma
ração animal
dong wu si liao
panda
xiong mao

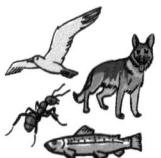

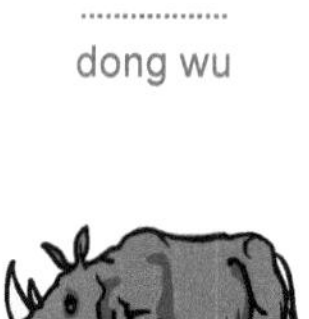

animais

dong wu

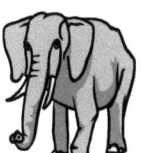

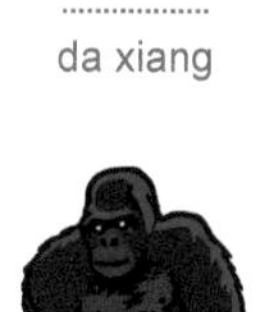

elefante

da xiang

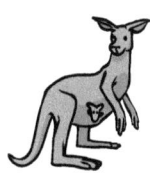

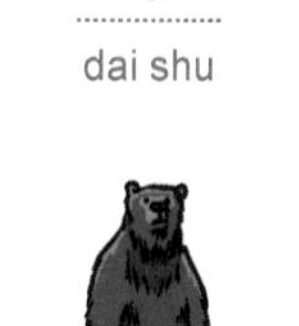

canguru

dai shu

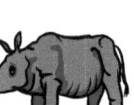

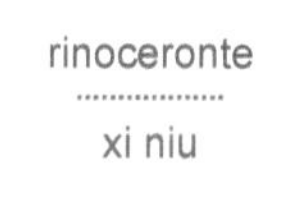

rinoceronte

xi niu

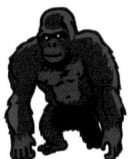

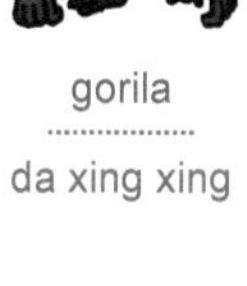

gorila

da xing xing

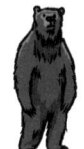

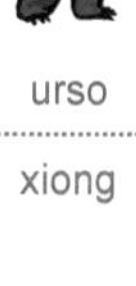

urso

xiong

camelo

luo tuo

avestruz

tuo niao

leão

shi zi

macaco

hou zi

flamingo

huo lie niao

papagaio

ying wu

urso polar

bei ji xiong

pinguim

qi e

tubarão

sha yu

pavão

kong que

cobra

she

crocodilo

e yu

guarda do zoológico

dong wu yuan guan li yuan

foca

hai bao

jaguar

mei zhou bao

pônei
ai zhong ma

leopardo
bao

hipopótamo
he ma

girafa
chang jing lu

águia
lao ying

javali
ye zhu

peixe
yu

tartaruga
gui

morsa
hai xiang

raposa
hu li

gazela
ling yang

futebol americano
gan lan qiu

ciclismo
qi zi xing che

tênis
wang qiu

basquete
lan qiu

natação
you yong

boxe
quan ji

hóquei no gelo
bing qiu

futebol
ying shi zu qiu

badminton
yu mao qiu

atletismo
tian jing

handebol
shou qiu

esqui
hua xue

polo
ma qiu

atividades
huo dong

pular
tiao
abraçar
yong bao
rir
xiao
andar
zou lu
cantar
chang
sonhar
zuo meng
rezar
qi dao
beijar
qin wen

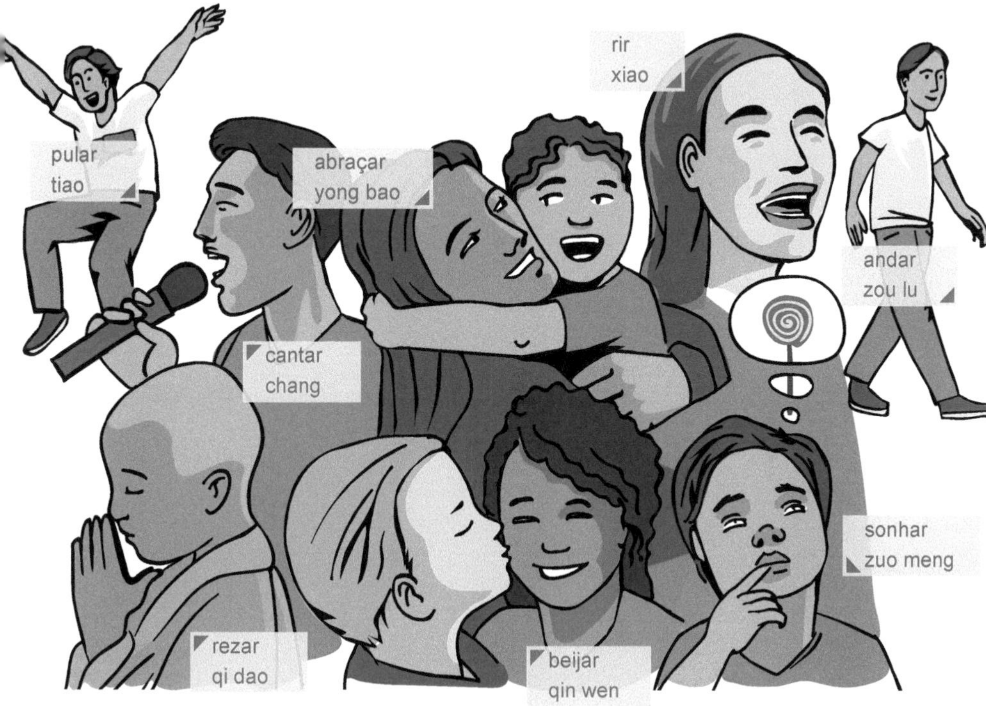

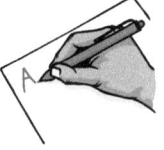

escrever

shu xie

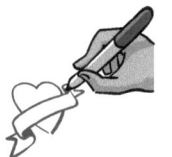

desenhar

hua

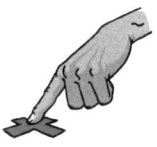

mostrar

zhan shi

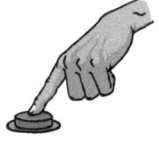

empurrar

tui

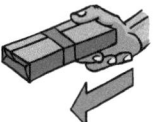

dar

gei

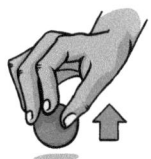

tomar

na

ter
you

fazer
zuo

ser
dang

ficar de pé
zhan

correr
pao

puxar
la

jogar
reng

cair
shuai dao

deitar
tang

esperar
deng dai

carregar
xie dai

sentar
zuo

vestir
chuan yi

dormir
shui jiao

despertar
xing lai

olhar para
kan

chorar
ku

acariciar
fu mo

pentear
shu tou

falar
jiao tan

entender
ming bai

perguntar
wen

ouvir
ting

beber
he

comer
chi

arrumar
qing li

amar
ai

cozinhar
zuo fan

dirigir
kai che

voar
fei

velejar

hang xing

calcular

ji suan

ler

du

aprender

xue xi

trabalhar

gong zuo

casar

jie hun

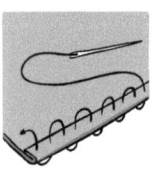

costurar

feng

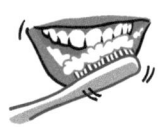

escovar os dentes

shua ya

matar

sha

fumar

chou yan

enviar

ji

família

jia

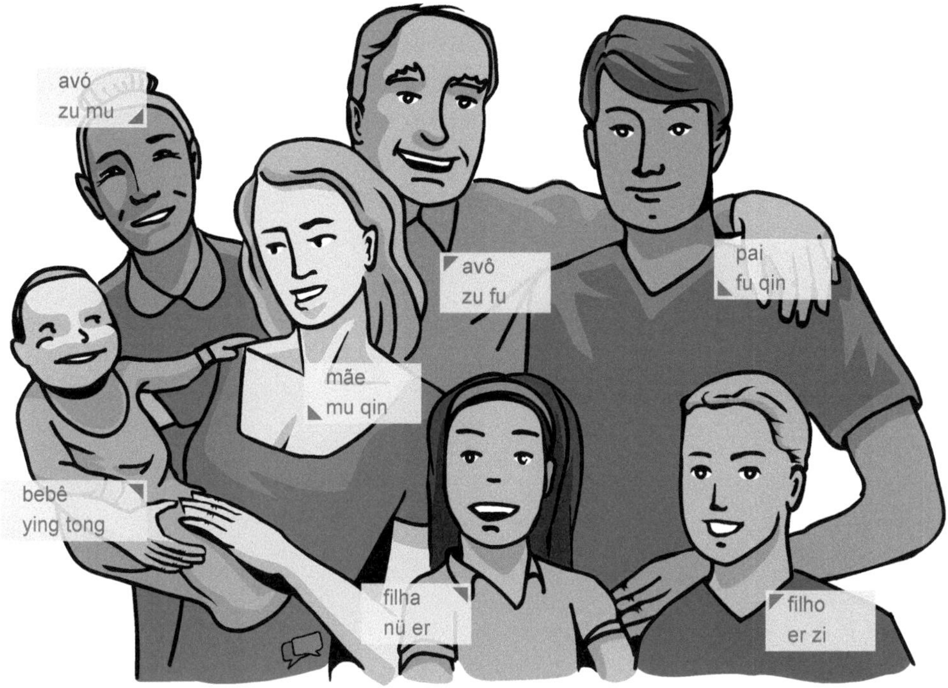
avó
zu mu
avô
zu fu
pai
fu qin
mãe
mu qin
bebê
ying tong
filha
nü er
filho
er zi

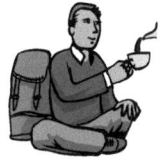

convidado

ke ren

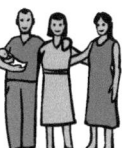

tia

a yi

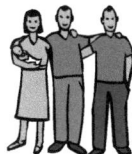

tio

shu shu

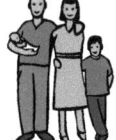

irmão

xiong di

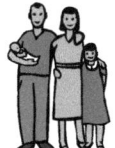

irmã

jie mei

corpo

shen ti

testa
qian e
olho
yan jing
ombro
jian bang
dedo
shou zhi
rosto
lian
queixo
xia ba
mão
shou
peito
ru fang
perna
tui
braço
shou bi

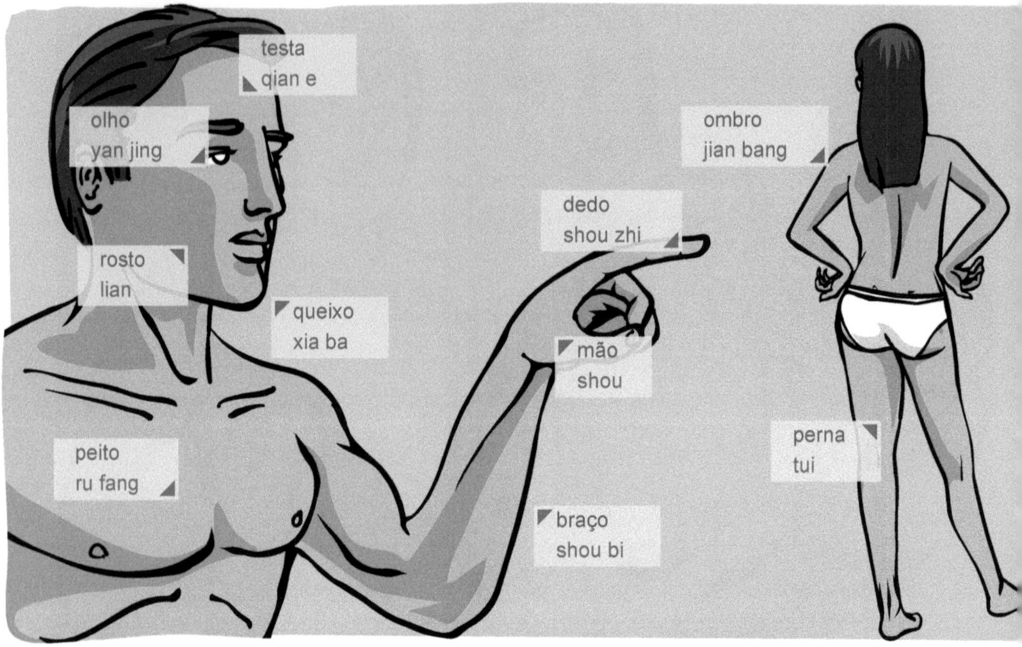

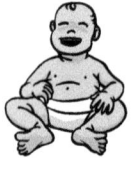

bebê

ying tong

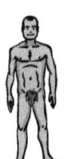

homem

nan ren

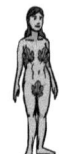

mulher

nü ren

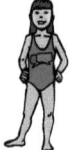

menina

nü hai

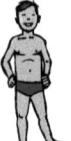

menino

nan hai

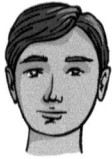

cabeça

tou

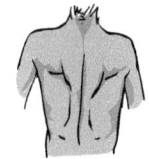

costas

bei bu

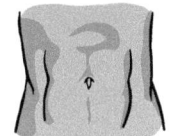

barriga

du zi

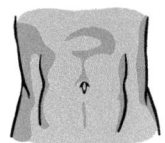

umbigo

du qi

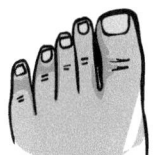

dedo do pé

jiao zhi

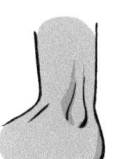

calcanhar

jiao hou gen

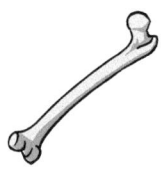

osso

gu tou

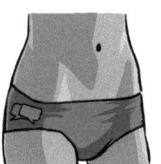

anca

tun bu

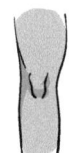

joelho

xi gai

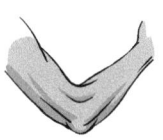

cotovelo

shou zhou

nariz

bi zi

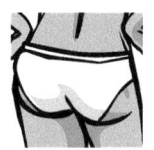

nádegas

pi gu

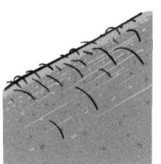

pele

pi fu

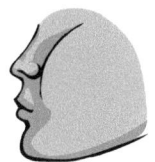

bochecha

lian jia

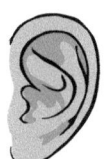

orelha

er duo

lábio

zui chun

boca
zui

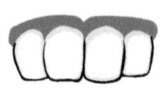

dente
ya chi

língua
she tou

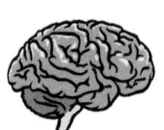

cérebro
nao

coração
xin zang

músculo
ji rou

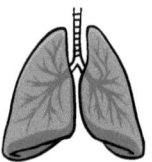

pulmão
fei

fígado
gan zang

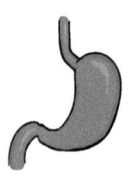

estômago
wei

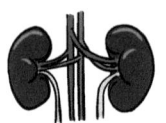

rins
shen zang

relações sexuais
xing jiao

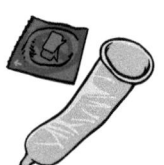

preservativo
bi yun tao

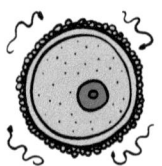

óvulo
luan zi

esperma
jing zi

gravidez
huai yun

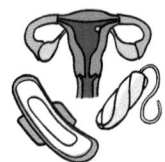

menstruação

yue jing

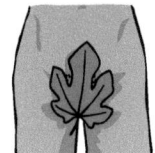

vagina

yin dao

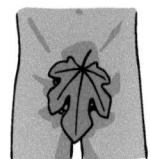

pênis

yin jing

sobrancelha

mei mao

cabelo

tou fa

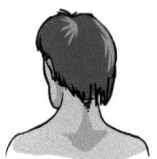

pescoço

bo zi

hospital

yi yuan

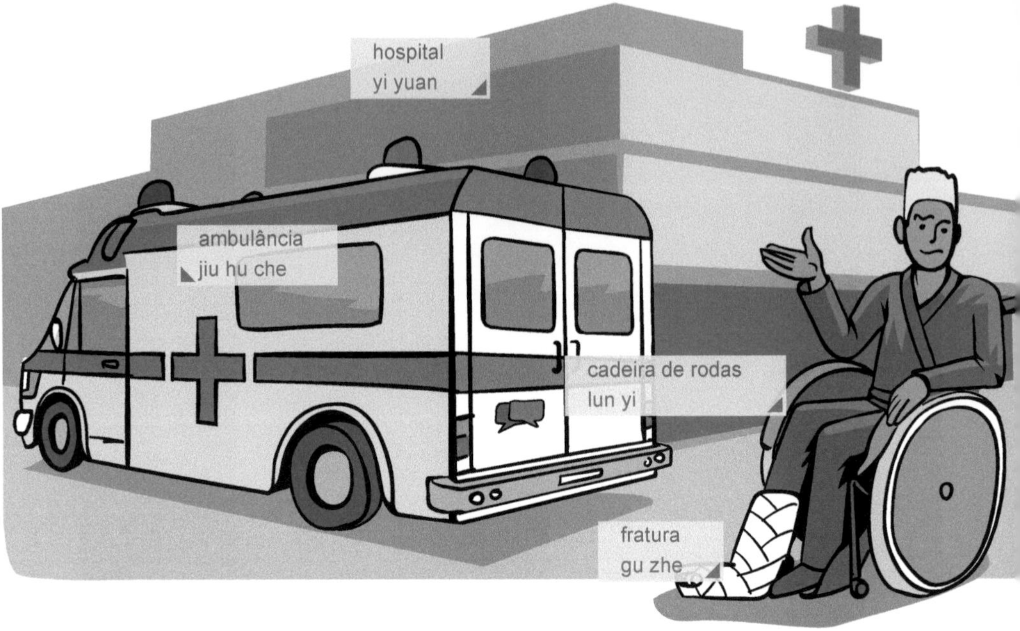

hospital
yi yuan
ambulância
jiu hu che
cadeira de rodas
lun yi
fratura
gu zhe

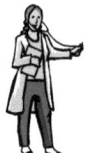

médico

yi sheng

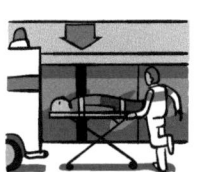

pronto-socorro

ji zhen shi

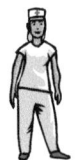

enfermeira

hu shi

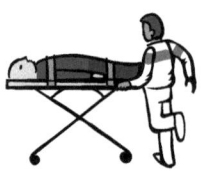

emergência

jin ji qing kuang

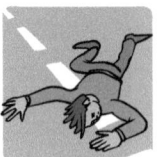

inconsciente

hun mi

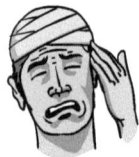

dor

tong

ferimento

shou shang

hemorragia

chu xue

ataque cardíaco

xin zang bing fa zuo

acidente vacular cerebral

zhong feng

alergia

guo min

tosse

ke sou

febre

fa shao

gripe

liu gan

diarreia

fu xie

dor de cabeça

tou tong

câncer

ai zheng

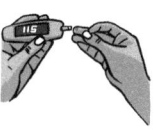

diabetes

tang niao bing

cirurgião

wai ke yi sheng

bisturi

shou shu dao

operação

shou shu

CT

CT

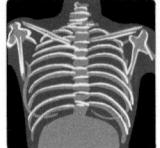

raio x

X guang

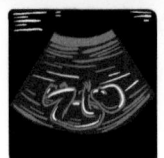

ultrassom

chao sheng bo

máscara

kou zhao

doença

ji bing

sala de espera

hou zhen shi

muleta

guai zhang

bandeide

shi gao

ligadura

beng dai

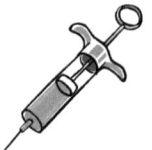

injeção

zhu she

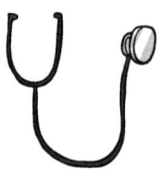

estetoscópio

ting zhen qi

maca

dan jia

termômetro

ti wen ji

nascimento

chu sheng

excesso de peso

chao zhong

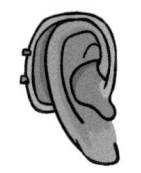

aparelho auditivo

zhu ting qi

desinfetante

xiao du ye

infecção

gan ran

vírus

bing du

HIV / AIDS

ai zi bing

medicamento

yao wu

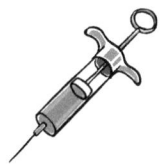

vacinação

jie zhong yi miao

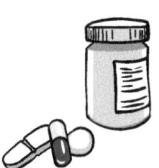

comprimidos

yao pian

pílula

yao wan

chamada de emergência

ji jiu dian hua

dispositivo de medição de
pressão arterial

xue ya ji

doente / saudável

sheng bing/jian kang

Socorro!

jiu ming!

alarme

jing bao

assalto

tu ji

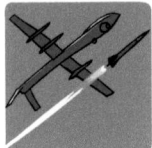

ataque

gong ji

perigo

wei xian

saída de emergência

jin ji chu kou

Fogo!

zhao huo la!

extintor de incêndios

mie huo qi

acidente

yi wai

maleta de primeiros
socorros

ji jiu xiang

SOS

hu jiu xin hao

polícia

jing cha

Europa

ou zhou

América do Norte

bei mei zhou

América do Sul

nan mei zhou

África

fei zhou

Ásia

ya zhou

Austrália

ao zhou

Atlântico

da xi yang

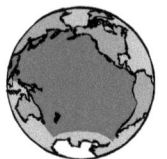

Pacífico

tai ping yang

Oceano Índico

yin du yang

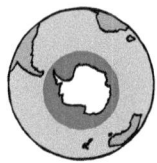

Oceano Antártico

nan bing yang

Oceano Ártico

bei bing yang

Polo Norte

bei ji

Polo Sul

nan ji

Antártica

nan ji zhou

Terra

di qiu

terra

lu di

mar

hai

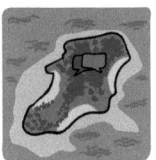

ilha

dao

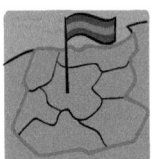

nação

guo jia

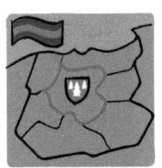

estado

guo jia

mostrador do relógio

zhong mian

ponteiro das horas

shi zhen

ponteiro dos minutos

fen zhen

ponteiro dos segundos

miao zhen

Que horas são?

xian zai ji dian?

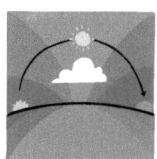

dia

tian

tempo

shi jian

agora

xian zai

relógio digital

dian zi biao

minuto

fen

hora

shi

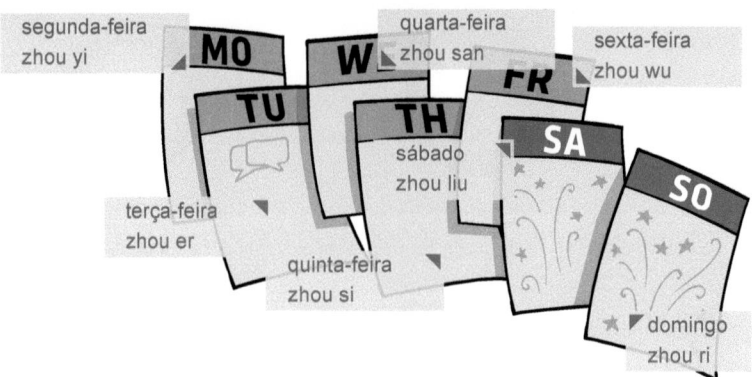

segunda-feira
zhou yi

quarta-feira
zhou san

sexta-feira
zhou wu

sábado
zhou liu

terça-feira
zhou er

quinta-feira
zhou si

domingo
zhou ri

ontem

zuo tian

hoje

jin tian

amanhã

ming tian

manhã

zao chen

meio-dia

zhong wu

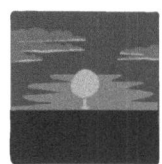

entardecer

wan shang

dias úteis

gong zuo ri

fim de semana

zhou mo

ano

nian

chuva
yu
arco-íris
cai hong
neve
xue
vento
feng
primavera
chun
outono
qiu
verão
xia
inverno
dong

4.APRIL 11°
5.APRIL 4°
6.APRIL 13°
7.APRIL 8°
8.APRIL 10°

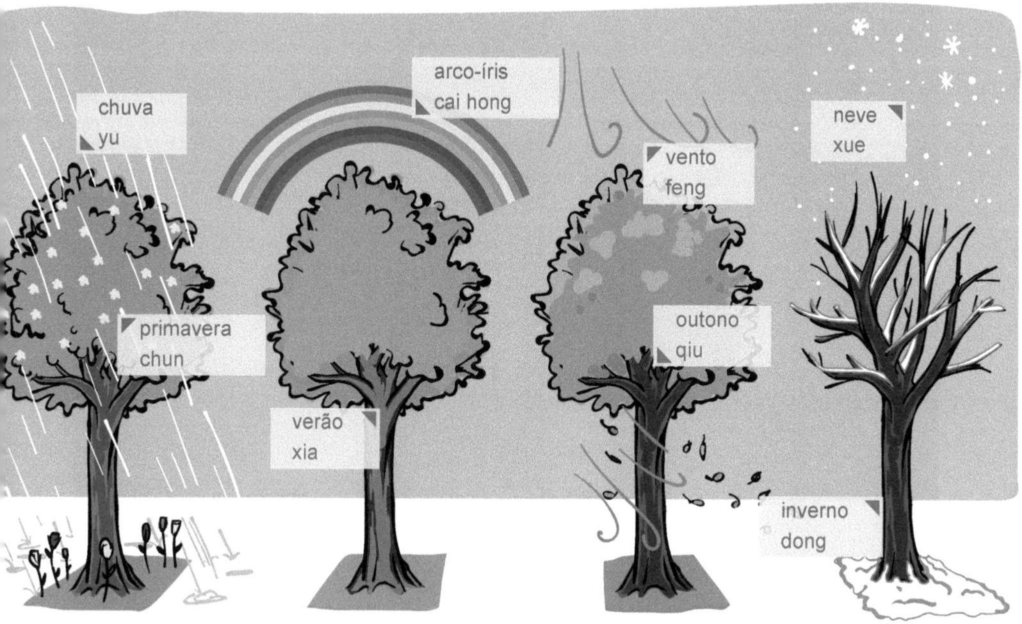

previsão do tempo

tian qi yu bao

F C
120 90 60 30 0 -30
40 30 20 10 0 -10 -20

termômetro

wen du ji

raio de sol

yang guang

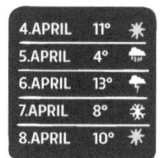

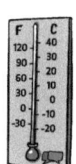

nuvem

yun

neblina / nevoeiro

wu

umidade do ar

chao shi

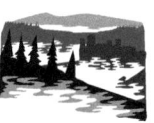

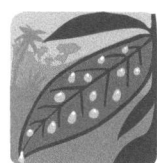

relâmpago

shan dian

trovão

da lei

tempestade

feng bao

granizo

bing bao

monção

ji feng

inundação

hong shui

gelo

bing

janeiro

yi yue

fevereiro

er yue

março

san yue

abril

si yue

maio

wu yue

junho

liu yue

julho

qi yue

agosto

ba yue

ano - nian

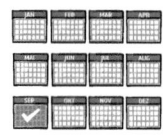

setembro
....
jiu yue

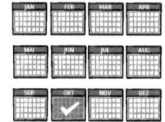

outubro
....
shi yue

novembro
....
shi yi yue

dezembro
....
shi er yue

formas

xing zhuang

círculo
....
yuan xing

quadrado
....
zheng fang xing

retângulo
....
chang fang xing

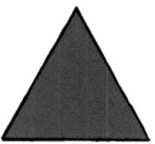

triângulo
....
san jiao xing

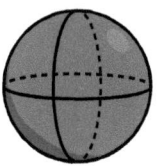

esfera
....
qiu ti

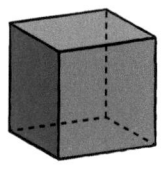

cubo
....
li fang ti

branco
bai

amarelo
huang

laranja
cheng

rosa
fen

vermelho
hong

lilás
zi

azul
lan

verde
lü

marrom
zong

cinza
hui

preto
hei

muito / pouco

hen duo/shao xu

furioso / tranquilo

sheng qi/ping jing

lindo / feio

mei/chou

começo / fim

shou/wei

grande / pequeno

da/xiao

claro / escuro

ming/an

irmão / irmã

xiong di/jie mei

limpo / sujo

gan jing/ang zang

completo / incompleto

wan zheng/que shi

dia / noite

bai tian/wan shang

morto / vivo

si/sheng

largo / estreito

kuan/zhai

comestível / não comestível

ke shi yong/fei shi yong

mau / gentil

xie e/shan liang

entusiasmado / entediado

xing fen/wu liao

gordo / magro

pang/shou

primeiro / último

di yi/zui hou

amigo / inimigo

peng you/di ren

cheio / vazio

man/kong

duro / macio

ying/ruan

pesado / leve

zhong/qing

fome / sede

e/ke

doente / saudável

sheng bing/jian kang

ilegal / legal

fei fa/he fa

inteligente / idiota

cong ming/yu ben

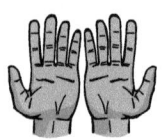

esquerda / direita

zuo/you

perto / longe

jin/yuan

novo / usado

xin/jiu

nada / alguma coisa

mei you/you xie

velho / jovem

lao/you

ligado / desligado

kai/guan

aberto / fechado

da kai/he shang

baixo / alto

an jing/chao nao

rico / pobre

fu/qiong

certo / errado

dui/cuo

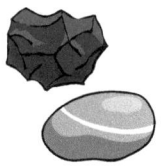

áspero / liso

cu cao/guang hua

triste / feliz

shang xin/gao xing

curto / longo

duan/chang

lento / rápido

man/kuai

molhado / seco

shi/gan

ameno / fresco

wen nuan/liang shuang

guerra / paz

zhan zheng/he ping

0

zero

ling

1

um

yi

2

dois

er

3

três

san

4

quatro

si

5

cinco

wu

6

seis

liu

7

sete

qi

8

oito

ba

9

nove

jiu

10

dez

shi

11

onze

shi yi

12
doze

shi er

13
treze

shi san

14
quatorze

shi si

15
quinze

shi wu

16
dezesseis

shi liu

17
dezessete

shi qi

18
dezoito

shi ba

19
dezenove

shi jiu

20
vinte

er shi

100
cem

bai

1.000
mil

qian

1.000.000
milhão

bai wan

inglês

ying yu

inglês americano

mei shi ying yu

chinês mandarim

pu tong hua

hindi

yin di yu

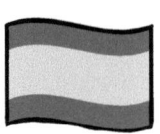

espanhol

xi ban ya yu

francês

fa yu

árabe

a la bo yu

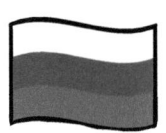

russo

e yu

português

pu tao ya yu

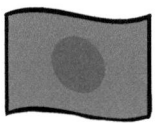

bengalês

feng jia la yu

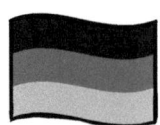

alemão

de yu

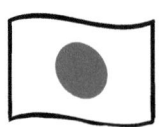

japonês

ri yu

eu
....
wo

você
....
ni

ele / ela
....
ta/ta/ta

nós
....
wo men

vocês
....
ni men

eles / elas
....
ta men

quem?
....
shei?

O quê?
....
shen me?

como?
....
zen yang?

onde?
....
na li?

Quando?
....
shen me shi hou?

nome
....
ming zi

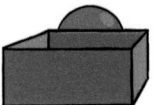

atrás

hou mian

em

li mian

na frente de

qian mian

sobre

shang fang

em cima

shang mian

debaixo

xia mian

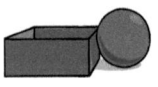

do lado

pang bian

entre

zhong jian

lugar

di dian